Jochen Senft

Gospels, Shanties & Folklore

Die Langspielplatte der Gospelsänger

24 Gospelsongs

enthält: Amen / Come by here / De ol' ark's a moverin' / Everybody loves saturc night / Down by the riverside / Give me that oldtime religion / Go down Mose / Gc news / Go tell it on the mountains / Gospeltrain / He got the whole world / I shoes / It's a me / Joshua fit the battle / Oh by and by / Oh happy day / Oh M don't you weep / Sometimes I feel / Swing low, sweet chariot / They crucified Lord / Vaterunser / Wade in the water.

Lieferung durch:
Helga Senft, Dr.-K.-Möller-Platz 3, 2330 Eckernförde

Preis: DM 22.–

1. bis 10. Auflage = 140 000 Exemplare

VOGGENREITER VERLAG BAD GODESBERG
MÖSELER VERLAG WOLFENBÜTTEL UND ZÜRICH
ISBN 3 8024 0047 X

GOSPELS

Oh, Mary don't you weep

2. Moses stood on the Red Sea shore,
smotin' the water with a two-by-four.

3. The Lord told Moses what to do
to lead those Hebrew children through.

4. Mary wore three links of chain,
every link was Jesus' name.

5. Mary wore three links of chain,
every link was Freedom's name.

Traditional

Nobody knows the trouble

2. Oh nobody knows the trouble . . .
Although you see me goin along, O yes Lord.
I have my troubles here below. O yes Lord.

3. Oh nobody knows the trouble . . .
One day, when I was walking along. O yes Lord.
The elements opened and his love came down. O yes Lord.

4. Oh nobody knows the trouble . . .
I never shall forget that day. O yes Lord.
When Jesus washed my sins away. O yes Lord.

Traditional

Go, tell it on the mountains

2. He made me a watchman upon the city-wall,
and if I am a christian I am the least of all.

3. 'T was in a lowly manger that Jesus Christ was born.
The Lord sent down an angel that bright and glorious morn'.

Traditional

Ruf es von den Bergen herab, daß alle dich hören können:
Jesus ist geboren und wurde einer von uns.
Als ich noch suchte, da mühte ich mich Tag und Nacht.
Ich bat Gott, mir zu helfen, und er zeigte mir den Weg.

Er machte mich zu einem Wächter auf der Mauer des himmlischen Jerusalem und wenn ich auch ein Christ bin,
so werde ich nicht hochmütig und bilde mir nichts darauf ein.

Gonna lay down my burden

2. Gonna lay down my sword and shield down by the riverside . . .
3. Gonna try on my long white robe, down by the riverside . . .
4. Gonna try on my starry crown down by the riverside . . .

Traditional

Amerikanische Soldaten sollen nach Ende des zweiten Weltkriegs dieses Lied gesungen haben. Auch sie waren froh, daß der Krieg, das Hassen und Töten zu Ende war.

Wer Frieden will, muß Schwert und Schild, die Waffen für Angriff und Verteidigung ablegen, damit er die Hand zur Versöhnung reichen kann. Mißtrauische Menschen können das nicht. Weiße Kleider stehen als Symbol für Vollkommenheit.
Zur Vollkommenheit gehört auch die Fähigkeit, Vertrauen zu fassen.
Das braucht viel Geduld angesichts der Enttäuschungen, die jeder dabei erlebt. Darum heißt es in der Offenbarung des Johannes: Wer überwindet, dem will ich die Krone des Lebens geben. Diese Krone könnte im vierten Vers gemeint sein.

Ev'rybody loves saturday night

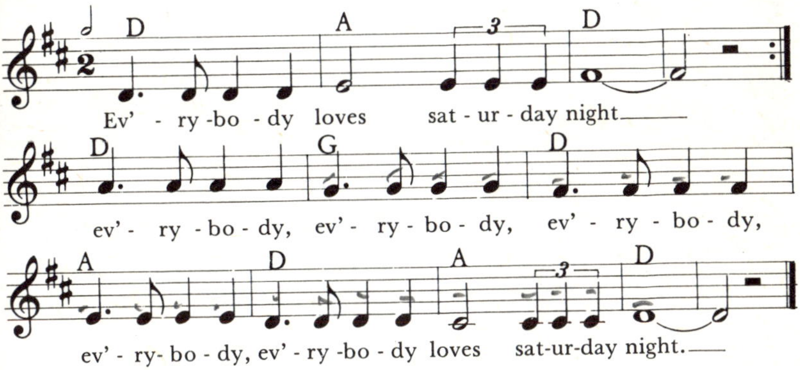

2. Ev'rybody loves people here . . .
3. Ev'rybody likes to sing a song . . .
4. Ev'rybody likes to clap his hands . . .
5. Ev'rybody loves gospelsongs . . .

Traditional aus Nigeria

Oh happy day

Traditional, Bearbeiter: Fred Rider N.Y., Bearbeiter Text: J. Senft

In die langen Noten hinein kann die Gruppe mit „Oh happy day“ einfallen, ähnlich wie es die Edwin Hawkins Singers getan haben.

Michael row the boat ashore

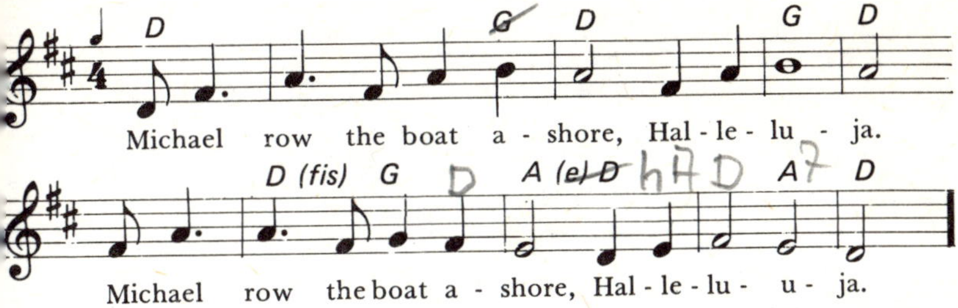

2. Michael boat a gospelboat, Halleluja . . .
3. Brother lend a helping hand, Halleluja . . .
4. Sister help to trim the sail, Halleluja . . .
5. Boasting talk will sink your soul, Hallelua . . .
6. Jordan-stream is deep and wide, Halleluja . . .
7. Jesus stand on the other side, Halleluja . . .

Traditional

1. Michael soll das Boot an's Ufer bringen.
2. Es ist das Boot der guten Nachricht von der Liebe Jesu und steht als Symbol für seine Gemeinde.
3. Bruder, leg die Hand mit an und laß den Steuermann nicht allein.
4. Schwester hilf das Segel trimmen, damit das Boot gut fährt.
5. Prahlerei verdirbt die Seele, und die Gemeinschaft zerbricht.
6. Der Jordan ist der Strom des Lebens. Er ist tief und breit. („Über den Jordan gehen" bedeutet Sterben. Davor haben alle Angst.)
7. Jesus steht am andern Ufer:

Das heißt: Auch im Sterben hört die Liebe nicht auf. Darum gibt es Hoffnung. Das ist eine gute Nachricht. Sie macht froh.

Oh Freedom

2. No more moaning . . . over me . . .
and before I'll be a slave I'll be buried in my grave
and go home to my Lord . . .

3. No more crying . . . over me . . .
and before I'll be a slave, I'll be buried in my grave
and go home to my Lord . . .

4. There 'll be singing . . . over me . . .
and before I'll be a slave, I'll be buried in my grave
and go home to my Lord

5. O freedom . . . over me . . .
and before I'll be a slave, I'll be buried in my grave
and go home to my Lord

Traditional

Freiheit ist unser höchstes Gut. Ehe ich ein Sklave werde, will ich begraben sein. Ich gehe nach Hause zu meinem Gott und bin frei.

Dort wird kein Stöhnen mehr sein und kein Schreien. Dort werden sie singen.
Von Freiheit reden wir alle und verstehen darunter die Freiheit von etwas, vom Druck der Schule, der Bundeswehr oder lästiger Menschen.
Jesus sprach auch von Freiheit. Er sah in ihr die Fähigkeit, zu sich selbst ja zu sagen, weil Gott ja gesagt hat, und dann zum anderen ja zu sagen, so wie er ist. Diese Freiheit kann man sich überall herausnehmen.

Come by here my Lord kumbaja

2. Someone's singing my Lord . . .
3. Someone's shouting my Lord . . .
4. Someone's praying my Lord . . .
5. Someone's weeping my Lord . . .
6. Come by here my Lord, kumbaja . . .

Traditional

Für das Reden mit Gott gibt es keine Vorschrift. Das ist anders als bei menschlichen Vorgesetzten. Jeder kann Gott so rufen wie ihm gerade ist. Einer freut sich und singt. Andere wollen etwas loswerden und rufen laut. Ein anderer geht in sich und betet. Einige trauern und weinen. Alle aber rufen: Komm her, oh Gott, komm her.

He got the whole world in his hand

2. He's got the tiny little baby in his hands
3. He's got you and me brother in his hands
4. He's got the son and his father in his hands
5. He's got the mother and her daughter in his hands
6. He's got everybody here in his hands
7. He's got the sun and the moon in his hands
8. He's got the whole world in his hands.

Traditional

zu 1. Gott hat die ganze Welt in seinen Händen.
zu 2. Er hat das Neugeborene in seiner Hand, so kann die Mutter es von sich fortlassen.
zu 3. Brüder sind oft verfeindet und wollen sich nicht verstehen, aber Gott hat Freund und Feind in seiner Hand. Er steht auf keiner Seite.
zu 4. Väter und Söhne stehen sich in Fronten gegenüber. Gott steht dazwischen und überbrückt den Gegensatz.
zu 5. Mütter und Töchter haben Schwierigkeiten miteinander. Es wird besser, wenn Mütter loslassen lernen und Töchter verstehen. Dazu brauchen beide Vertrauen in das Leben und zu sich selbst.
zu 6. Gott hat jeden von uns in seiner Hand. Wer das weißt, braucht kein Feindbild mehr und wird freundlich gegen den Anderen.
zu 7. Sonne und Mond, Tag und Nacht, Helles und Dunkles, Leben und Tod sind in seinen Händen.
zu 8. Gott hat die ganze Welt in seinen Händen.

It's a me

2. Not my brother, not my sister it's a me, oh Lord, standin' in the need of prayer.

3. Not my teacher, not my preacher it's a me, oh Lord, standin' in the need of prayer.

Traditional

Good news the chariot's comin'

2. There's a pair of wings in the heaven I know . . .
3. There's a pair of shoes in the heaven I know . . .
4. There's a golden harp in the heaven I know . . .

Traditional

zu 1. Der Wagen hält und nimmt den müden Wanderer mit in Gottes Zukunft. Wer hier unter seiner Unvollkommenheit litt, weiß: dort werde ich das weiße Kleid der Vollkommenheit anziehen.

zu 2. Mit Flügeln werde ich mich über die Tiefen empor schwingen, die mir hier so viel zu schaffen machten.

zu 3. Meine an Steinen und Dornen wundgelaufenen Füße werde ich mit Schuhen schützen.

zu 4. Ich singe meine Freude laut hinaus und werde auf einer goldenen Harfe spielen.

Git on board little chillun

2. I hear the train a comin' she's comin' 'round the curve.
She's loosened all her steam an' brakes and strainin' ev'ry nerve.

3. The fare is cheap an' all can go, the rich an' poor are there.
No second class a board this train, no diff'rence in the fare.

Traditional

De ol' ark's a moverin'

nach der vierten Strophe da capo al Fine

2. See dat brother all dressed so gay,
death gonna come for to cary him away.

3. See dat sister all comin' so slow,
she wanna go to heab'n for the heab'n-door's closed.

4. D'ain't but one thing grieves my mind,
sister's gonna heab'n an leave a me behind.

Traditional

In der Gemeinde sind alle Sorten von Menschen vertreten, ähnlich wie in der Arche Noah alle Tiere vertreten waren. Hier wurde der Typ auf's Korn genommen, der dauernd über andere urteilt und lästert und sich dann wundert, wenn er bei all seiner Rechtgläubigkeit isoliert ist.

They crucified my Lord

2. They nailed him to the tree, an' he never said . . .

3. They pierced him in the side, an' he never said . . .

4. The blood came twinkling down, an' he never said . . .

5. He bowed his head an' died, an' he never said a mumbalin' word.

Traditional

Amen

2. See him in the temple, talking to the Elders, how they marvelled at his wisdom.

3. See him in the garden, praying to his father in deepest sorrow.

4. Yes, he is my savior, Jesus did to help us, and he rose on easter.

5. Halleluja, in the kingdom with my savior, Amen, Amen.

Traditional

I got a shoes

2. I got a wings, you got a wings, all o' God's chillun got a wings.
When I get to heab'n gonna fly on my wings
gonna fly all over God's heab'n . . .
Ev'rybody talkin' bout heab'n ain't goin' there,
heab'n, heab'n, gonna fly all over God's heab'n.

3. I got a song, you got a song, all o' God's chillun got a song.
When I get to heab'n gonna singin' my song,
gonna shout all over God's heab'n . . .
Ev'ry body talk about, heab'n ain't goin' there
heab'n, heab'n, gonna shout all over God's heab'n.

Traditional

Go down Moses

2. Thus spoke the Lord, bold Mose said,
let my people go!
If not I'll smite your firstborn dead,
let my people go!

3. No more shall they in bondage toil,
let my people go!
Let them come out with Egypt's spoil,
let my people go!

4. The Lord told Mose what to do.
Let my people go!
To lead those Hebrew children through,
let my people go!

Traditional

Unterdrückte sehnen sich nach Freiheit. Sie wissen Gott auf ihrer Seite und beziehen sich auf die Geschichte vom Auszug des Volkes Israel aus Ägypten.

Joshua fit the battle

2. Right up to the walls of Jericho.
He marched with spear in Hand.
Go, blow dat ram's horn, Joshua cried,
'cause de battle am in my hand.

3. Then de lamb ram sheep horns
begin a blow.
Trumpets begin to sound.
Joshua commanded de children to shout,
and de walls came tumbling down.
Joshua fit de battle of Jericho . . .

Traditional

Swing low, sweet chariot

Nach der letzten Strophe da capo al Fine

2. If you get there before I do, comin' for to carry me home,
tell all o' God's children that I'm comin' too, comin' for to carry me home.

3. I'm sometimes up, I'm sometimes down, comin' for to carry me home
but still my soul feels heavenly bound, comin' for to carry me home.

Traditional

Somebody's knockin' at your door

Traditional aus USA

Didn't my Lord deliver Daniel

2. The moon run down in a purple stream,
the sun forbear to shine.
And every star disappear, King Jesus shall a be mine.
Didn't my Lord . . .

3. I set my foot an the Gospelship,
and the ship began to sail.
It landed me over on Can-aan's shore,
and I'll never come back no more.
Didn't my Lord . . .

Traditional aus USA

Amazing grace

2. 'T was grace that taught my heart to fear,
and grace my fears relieved;
how precious did that grace appear
the hour I first believed.

3. Thro's many dangers, toils and snares,
I have already come;
'Tis grace hath bro't me safe thus far,
and grace will lead me home.

4. How sweet the name of Jesus sounds
in a believer's ear.
It soothes his sorrows, heals the wounds,
and drives away his fear.

5. Must Jesus bear the cross alone
and all the world go free?
No, there's a cross for ev'ry one
and there's a cross for me.

Traditional aus USA

Wir lernten es als kleine Kinder von den Eltern. Ohne Vertrauen kann keiner leben. Wir finden dieses Vertrauen wieder im Segen Gottes, wenn es heißt: „Der Herr segne dich und behüte dich, der Herr lasse leuchten sein Angesicht über dir und sei dir gnädig. Der Herr erhebe sein Angesicht auf dich und gebe dir Frieden.“ Das ist das älteste Stück im Gottesdienst – ol' time religion.

Sometimes I feel like a motherless child

2. Sometimes I feel lika I'm almos' gone,
way up in de heav'nly land.

Traditional aus USA

Roll Jordan roll

Traditional aus USA

Wade in the water

Traditional aus USA

Oh by an' by

2. Oh, by an' by, by an' by, I'm goin' to lay down my heaby load.
Hell is deep an' a dark des-pair. I'm goin' to lay down my heaby load.
Oh, stop po' sinner an' don't go dere, I'm goin' to lay down my heaby load.
Oh, by an' . . .

Traditional aus USA

Give me that oldtime religion

2. It was good for Hebrew children . . .
3. It will do when the world's on fire . . .
4. It will bring you out of bondage . . .

Traditional, Bearbeitung: J. Senft, Voggenreiter-Verlag, Bad Godesberg

zu 1. Gib mir den Glauben der alten Zeit.
zu 2. Das Volk Israel vertraute Gottes Versprechen, als es aus Ägypten nach Palästina auszog.
zu 3. Dieser Glauben wird auch halten, falls einmal die Welt brennen sollte.
zu 4. Er bringt dich aus der Knechtschaft. Glauben heißt: Vertrauen.

Way down upon de Swanee River

2. All roun' de little farm I wander'd,
when I was young;
den many happy days I squander'd,
many de songs I sung.
When I was playing with my brother,
happy was I;
oh, take me to my kind old mother,
there let me live and die.

3. One little hut among the bushes,
one that I love,
still sadly to my mem'ry rushes,
no matter where I rove.
When will I see de bees ahumming
all roun' de comb?
When will I hear de banjo tumming,
down in my good old home?

Traditional aus USA

Lawd! Lawdy! Lawd!

2. Old Josiah asked his father, but he had no money too.
3. Old Josiah asked his brothers, but they have no money too.
4. Old Josiah asked his sisters, but they have no money too.

Traditional aus USA

Oh, when the saints go marchin' in

2. And when the stars begin to shine . . .
3. When Gabriel blows in his born . . .
4. And when the sun refuse to shine . . .
5. And when they gather round the throne . . .
6. And when they crown him King of Kings . . .
7. And on that halleluja – day . . .

Traditional

Trauer um Menschen, die gestorben sind, soll verwandelt werden in Freude, wenn sich die Getrennten am jüngsten Tage wiedersehen.
So oft dieses Lied bei Beerdigungen gesungen wird, soll es über den Verlust trösten, durch den Blick auf die Zukunft Gottes.

It was down in old Joe's barroom

2. On my left stood Joe Mc Kenedy, his eyes were blood-shot red;
he turned to the crowd around him. These were the very words he said:
let her . . .

3. „I went down to St. James Infirmary, I saw my baby there:
stretched out on a long white table, so sweet, so cold, so fair"!
Let her . . .

4. „When I die, please bury me in my high-top Stetson hat;
put a twenty-dollar-gold-piece on my watch-chain, so the gang Il know,
I'm standing pat.
Let her . . .

5. I want six crap-shooters for pall-beavers, a chorus girl to sing.
Put a jazz-band on my hearse-wagon, to raise hell, as well roll along.
Let her . . .

6. And now, that you've heard my story, I'll take another shot of booze.
If anyone should happen, to ask you: well I've got those gambler's blues.
Let her . . .

Traditional aus USA

Steal away

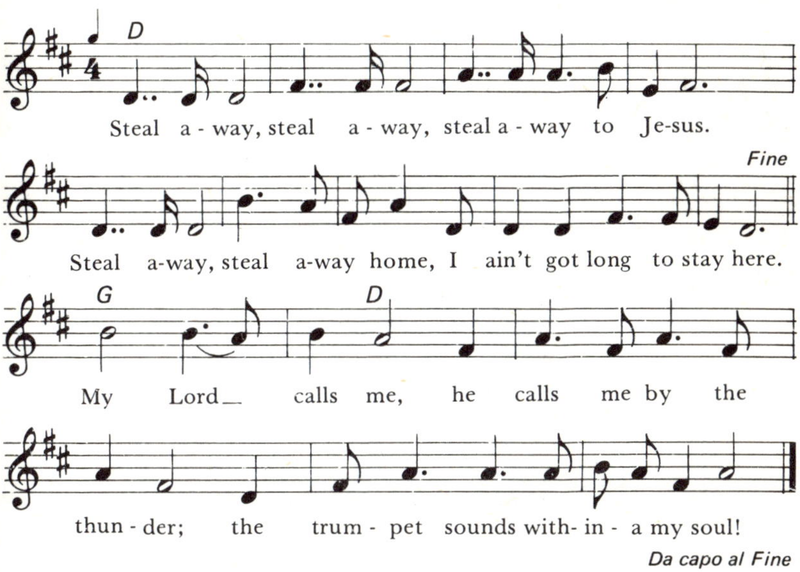

2. Green trees bending, poor sinner stands atrembling;
the trumpet sounds withina my soul!

3. My Lord calls me, he calls me by the lightning;
the trumpet sounds withina my soul!

Traditional aus USA

Whisky is the life of man

2. Oh whisky hot and whisky pure,
oh whisky, Jonnie,
Oh, whisky makes the old man sure,
oh whisky for my Jonnie.

3. Oh whisky here and whisky there,
oh whisky, Jonnie,
oh I'll drink whisky ev'rywhere,
oh whisky for my Jonnie.

Traditional aus England

What shall we do

2. Put him in the long-boat til he's sober, hooray . . .
3. Pull out the plug and wet him all over, hooray . . .
4. Put him in the scuppers with a hose-pipe on him, hooray . . .
5. Give him a dash of salent water . . .
6. Heave him by his leg with a running bowline . . .
7. That's to do with the drunken sailor, hooray . . .

Traditional aus England

Alle, die mit uns auf Kaperfahrt fahren

2. Alle, die Tod und Teufel nicht fürchten, müssen . . .
3. Alle, die Weiber und Branntwein lieben . . .
4. Alle, die mit uns das Walroß killen . . .
5. Alle, die öligen Zwieback lieben . . .
6. Alle, die endlich zur Hölle mit fahren . . .

Aus Flandern, Übertragung: Gottfried Wolters
Möseler Verlag, Wolfenbüttel und Zürich

Von Hamborg fohr so'n ohlen Kassen

2. Bi Dag dor kunn dat weihn un blosen,
do weer noch lang keen Hand anleggt.
Doch so on Obend eben no veer Glosen,
do weer de ganze Plünnkram trecht.
Rolling home . . .

3. O Magellan, du ollen Kassen.
Dat Leed schall di een Denkmol ween.
Bi Snee un Regen wascht Janmoot de Masten,
un achtern suupt se unsen Köhm.
Rolling home . . .

Traditional

Ick heff mol in Hamburg een Veermaster sehn

2. Dat Deck weer von Isen, voll Schiet un voll Schmeer.
Da was ok de Schietgang dat scheunste Pläseer.

3. Dat Logis weer vull Wanzen, de Kombüs weer vull Dreck,
de Beschüten, de leupen von sülben all weg.

4. Dat Soltfleesch weer greun, un de Speck weer vull Moden.
Köm gäv dat bloß an Wiehnachtsobend.

5. Un wulln wi mol seiln, ick segg dat jo nur,
dann leup he dree vorut und veer all retur.

Traditional

Oh Shenandoah

2. Oh, Shenandoah, I love your daughter . . .

3. Oh, Shenandoah, I'll not deceive you . . .

4. Oh, Shenandoah, I'm bound to leave you . . .

5. Oh, Shenandoah, it's far I wander . . .

Traditional aus Irland

Now Cape Clear it is in sight

2. Now, my boys, we're off Holyhead,
no more salt beef, no more salt bread.
One man in the chains for to heave the lead,
oh Jenny . . .

3. Now, my lads we're all in dock,
we'll be off to Dan Lowrie's on the spot;
and now we'll have a good roundabout,
oh Jenny . . .

Traditional aus England

A long time ago

2. Away down south where I was born
among the fields of golden corn . . .

3. A Yankee packet lay out in the bay
awaiting a fair wind to get on de way . . .

4. If she's not a fair wind
she's lying there still . . .:

Traditional aus England

My mother kept a boardinghouse

2. A fresh young fellow named Shallo Brown
followed my mother all ’round the town . . .

3. One day when father was on the crown
my mother ran off with Shallo Brown . . .

4. My father says „young man, me by’e“
to which I quickly made reply . . .

5. My father slowly pined away
because my mother came back next day . . .

Traditional

Hey hawl away

2. Hey hawl away, we'll hang and hawl together. Hey . . .

3. Hey hawl away, the packet is a rolling. Hey . . .

4. Louis was the king of France before the revolution. Hey . . .

5. Louis got his head cut off and spoilt his constitution. Hey . . .

6. Hey hawl away, we'll hawl for better weather. Hey . . .

Traditional

Our Captain is a bully man

2. The whisky makes him pawn his clothes . . .
The whisky gives him his red nose, . . .

3. Oh whisky here and whisky there . . .
Oh he has whisky ev'rywhere . . .

Traditional

I nebber see de like

2. I love a little girl across the sea,
she's a badian beauty, an she says to me:
Oh Johnny come down to Hilo . . .

3. Did you ever see de ol' plantation –
boss wid de long-tailed filly an' de big black hores,
when Johnny come down to Hilo . . .

Traditional

Sloop „John B“

2. The first mate, oh, he got drunk, he broke up the people’s trunk; constable had to come and take him away, Sheriff Johnstone, please let me alone; I feel so break up, I want to go home. So hoist up the . . .

Lee Hays/Carl Sandburg

Jamaica farewell

2. Sounds of laughter ev'rywhere and the dancing girls swaying to and for
I must declare, my heart is there, tho' I've been from Maine to Mexico.
But I'm sad to say . . .

3. Down at the market you can hear ladies cry out while on their heads they bear,
Ackey rice, salt fish are nice. And the rum is fine any time of year.
But I'm sad to say . . .

Text und Musik: Lord Burgess

Round the bay of Mexico

2. Those Nassau girls they love me so, way, oh Susianna.
'Cause I don't say everything that i know 'round the bay of Mexico.

3. When I was a young man in my prime, way, oh Susianna.
I loved young girls two at a time 'round the bay of Mexico.

4. Nassau girls ain't got no comb, way, oh Susianna.
Comb their hair with a whipper backbone, 'round the bay of Mexico.

5. Goodbye girls of Nassau-town, way, oh Susianna.
I'm bound away for the fishing ground, 'round the bay of Mexico.

Text und Musik: Lord Burgess

Coconut woman

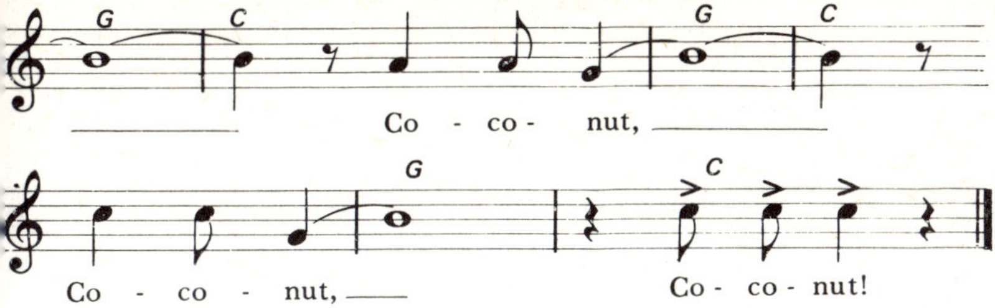

2. A lady tell me the other day no one
can take her sweet man away
I ask her what was the mystery,
she say coconut water and rice curry.
You can cook it in a pot four for five.
You can serve it very hot, four for five.
Coco got a lotta iron four for five.
Make you strong like a lion, four for five.

3. Coconut woman says you'll agree,
coconut make very nice candy.
The thing that's best if you're felling' glum;
Is coconut water with a little rum.
It could make very tipsy, four for five.
Make you feel like a gypsy,
four for five. Coco got a lotta iron,
four for five. Make you strong
like a lion, four for five.

Text und Musik: Harry Belafonte/Lord Burgess

Let it be

When I find my-self in times of trouble mo-ther
Ma - ry comes to me speak-ing words of wisdom. Let it
be. And in my hour of dark - ness she is
stand - ing right in front of me speaking words
of wis- dom, let it be. Let it be,
let it be, let it be, let it be.
1. und 3. Strophe
Whis- per words of wis- dom, let it be. And when

2. And when the broken-hearted people living in the world agree.
There will be an answer, let it be.
For though they may be parted there is still a chance that they may see.
There will be an answer, let it be . . .

3. (instrumental bis: Whisper words of wisdom)

4. And when the night is cloudy. There is still a light that shines on me,
shine until tomorrow, let it be.
I wake up to the sound of music Mother mary comes to me,
speaking words of wisdom, let it be . . .

Gitarrenbegleitung im exakten Rhythmus schlagen.

Paul Mc. Cartney und John Lennon

Yellow submarine

Paul Mc. Cartney und John Lennon

Yesterday

2. Suddenly I'm not half the man I used to be
there's a shadwo hanging over me
oh yesterday came suddenly.

3. Yesterday love was such an easy game to play
now I need a place to hide away
oh I believe in yesterday.

Paul Mc. Cartney und John Lennon

Wake up, Darling Corey

2. Go away, go away, darlin' Corey,
stoph hangin' around my bed.
Bad liquor destroyed my body,
pretty women's gone to my head.

3. Don't you hear those bluebirds a-singin'?
Don't you hear their mournful sound?
They are preachin' Corey's funeral
in some lonesome graveyard ground.

4. The last time I saw darlin' Corey
she was sittin' on the bank of the sea,
with a jug of liquor in her arm
and a .45 across her knee.

Traditional, Bearbeitung: S. Friedemann

If you miss the train I'm on

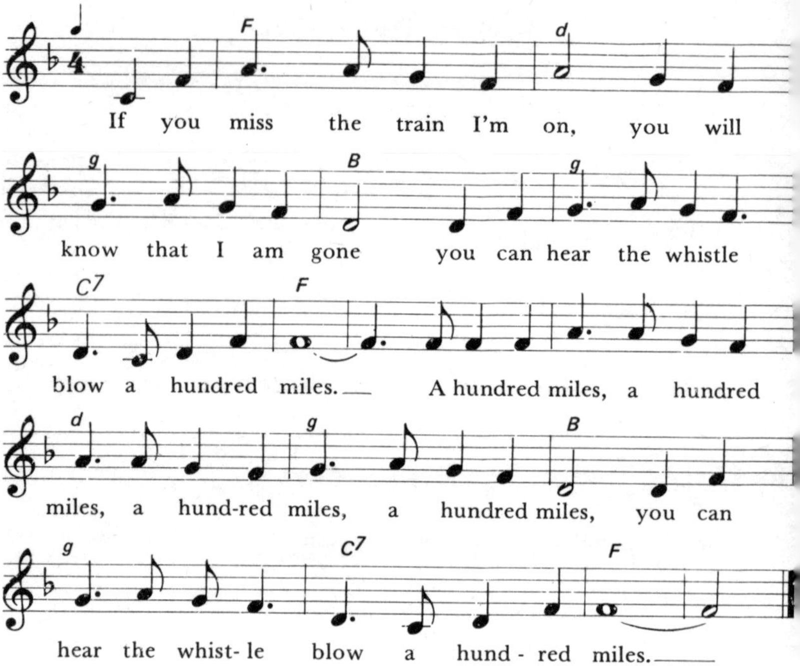

2. Lord, I'm one, Lord, I'm two, Lord, I'm three, Lord, I'm four,
Lord, I'm five hundered miles away from home.
Five hundred miles . . .
Lord, I'm five hundred miles away from home.

3. Not a shirt on my back, not a penny to my name,
Lord, I can't go a home
Thisaway .. .
Lord, I can't go a home thisaway.

Melodie und Text: Hedy West

There is a house in New Orleans

2. If I had listened to what my mother said,
I'd have been at home today.
But I was young and foolish, oh God,
let a rambler lead me astray.

3. Go, tell my baby sister,
never do like I have done,
but shun shat house in New Orleans,
they call the Rising Sun.

4. I'm goin' back to New Orleans,
my race is almost run,
I'm goin' back to spend my life beneath
beneath the Rising Sun.

Traditional aus den USA

Blowin' in the wind

2. How many times must a man look up before he can see the sky?
Yes, n' How many ears must one man have before he can hear people cry?
Yes, n' How many deaths will it take 'till he knows that too
many people have died'
The answer my friend . . .

. How many years can a mountain exist before it's washed to the sea?
'es, n' How many years can some people exist before they're allowed
› be free?
'es, n' How many times can a man turn his head pretending
: just doesn't see?
'he answer my fried . . .

Einst macht ich mich auf

2. Im Jahr dreiundachtzig, im Westen dann,
nahm ich als Cowboy Arbeit an.
Und Mister Stinson sprach zu mir so:
„Du gehst mit der Herde nach Mexico!"

3. Im Frühjahr ging unser Trail dann los.
Der Weg war weit und die Herde groß.
Ich kann euch sagen, Boys,
es war so ein harter Trail bis nach Mexico!

Sweet Betsy

2. One evening quite early they camped on the Platte,
'twas near by the road on a green shady flat;
where Betsy, quite tired, lay down to respoe,
while with wonder Ike gazed on his Pike County rose.

3. They swam the wide rivers and crossed the tall peaks,
and camped on the prairie for weeks upon weeks,
starvation and cholera and hard work and slaughter,
they reached California spite of hell and high water.

4. Out on the prairie one bright starry night,
they broke the whiskey and Betsy got tight,
she sang and she shouted and danced o'er the plain,
and showed her bare arse to the whole wagon train.

5. The Injuns came down in a wild yelling horde,
and Betsy was skeered they would scalp her adored;
behind the front wagon wheel Betsy did crawl,
and there she fought the Injuns with musket and ball.

6. The alkali desert was burning and bare,
and Isaac's soul shrank from the death
that lurked there: „Dear Old Pike County,
I'll go back to you.“ Says Betsy, „you'll go by yourself if you do“.

aditional aus USA

I'm goin' to leave ol' Texas

2. I'll take my horse, I'll take my rope,
and hit the trail upon the lope.
I'll bid adios to the Alamo,
and turn my head toward Mexico.

Traditional aus Texas

In a cavern

2. Light she was and like a fairy
and her shoes were number nine,
herring boxes, without topses,
sandals were for Clementine. Oh my darling . . .

3. Drove she ducklings to the water
ev'ry morning just at nine,
hit her foot against a splinter
fell into the foaming brine. Oh my darling . . .

4. Ruby lips above the water,
blowing bubbles soft and fine,
but alas, I was no swimmer,
so I lost my Clementine. Oh my darling . . .

5. Then the miner, forty-niner,
soon began to weep and pine;
thought he oughter join his daughter,
now he's with his Clementine. Oh my darling . . .

6. In my dreams she still doth haunt me,
robed in garments soaked in brine;
though in life I used tu hug her,
now she's dead I draw the line. Oh my darling . . .

7. How I missed her, how I missed her,
how I missed my Clementine.
But I kissed her little sister and forgot my Clementine.
Oh my darling . . .

'raditional aus USA

I came from Alabama

2. I had a dream the other night, when everything was still:
I thought I saw Suanna acoming down the hill.
The buckwheat cake was in her mouth,
the tear was in her eye; says I, I'm coming from the South,
Susanna, don't you cry. Oh, Susanna . . .

3. I soon will be in New Orleans, and then I'll look around,
and when I find Susanna, I'll fall upon the ground.
But if I do not find her,
this darkey 'll surely die,
and when I'm dead and buried,
Susanna, don't you cry. Oh, Susanna . . .

Traditional aus USA

John Brown

2. John Brown's body lies mouldring in the grave;
bright o'er the sod let the starry banner wave;
Lo, for the millions he periled all to save,
Freedom reigns today!
Glory . . .

Traditional

John Brown wurde im amerikanischen Bürgerkrieg von den Südstaatlern gehenkt wegen eines Überfalls auf ein Waffenarsenal.
Mit einem anderen Text ist die Melodie als ,,battlehymn of the republik" bekannt. Ihr Pathos provozierte viele Parodien.

Lebte einst ein Mann

2. Seine Freunde sagten: „Mein lieber Mann,
fange doch ein anderes Liedchen an.
Vielleicht spielst du das von der Anemon?"
Doch er wollte nichts anderes als Old Zip Coon.
Old Zip Coon . . .

3. Da ergriffen seine Freunde ihn,
luden all sein Zeug und die Violin auf ein Schiff,
bestimmt nach der Stadt Hongkong,
wo bis dahin noch niemand hörte diesen Song.
Old Zip Coon den ganzen Tag ...

4. Auch die Leute dort schickten ihn bald fort,
und er lebt nun an einem andern Ort,
doch er spielt immerzu ohne auszuruhn,
spielt auch heute nichts anderes als Old Zip Coon.
Old Zip Coon ...

Traditional aus USA, Übertragung: Helmut König
Voggenreiter-Verlag, Bad Godesberg

Take this hammer

2. If he asks you was I runnin' . . .
You tell him I was flyin', you tell him I was flyin'.

3. If he asks you was I laughin' . . .
Tell him I was cryin', tell him I was cryin'.

4. I don't want no cornbread and lattuce, . . .
It hurts my pride, it hurts my pride.

5. I'm gonna bust right past that shooter, . . .
I'm goin' home, I'm goin' home.

Traditional aus den USA

Das Lied wird aufgeteilt zwischen Vorsänger und Gruppe, bei „wha" fallen alle mit ein.

Von diesem Lied existieren viele Versionen. Jede Gruppe singt es nach ihrem Geschmack.

La cucaracha

2. Cuando uno quiere a una y esta una no lo quiere,
es lo mismo que si un calva en la calle encuentra un peine.

3. Mi vecina de enfrente se llamaba Dona Clara,
y si no estuviera muerta es probable se llamara.

4. Ya murio la cucaracha, ya la llevan a enterrar
entre cuatro zopilotes y un raton de sacristan.

Traditional aus Mexico

Viva la feria

Melodie und Text: Abi Ofarim
Mit freundlicher Genehmigung: Edition Montana, München

DIE NACHBARN

Bin ja nur ein kleiner Hirtenjunge

2. Schnitz mir eine kleine Weidenflöte,
eine kleine Weidenflöte . . .

3. Spiel mir drauf ein Lied für meine Schafe,
nur ein Lied für meine Schafe . . .

Traditional aus Finnland, Übertragung: Wolf Kinzel
Voggenreiter-Verlag, Bad Godesberg

Reizend ist mein Schätzelein

2. Zwar ist sie ein wenig klein,
krumm sind ihre Beine.

3. Ihre blauen Äugelein
schielen zum Entzücken.

4. Alles ist so zierlich fein,
krumm ist nur ihr Rücken.

5. In dem blassen Angesicht
glänzt ein rotes Näschen.

6. Denn das Schätzchen, wie man spricht,
schaut gern tief ins Gläschen.

7. Schöner wird sie jeden Tag,
geht recht in die Breite.

8. Nehm sie, wer sie nehmen mag,
denn ich such das Weite.

Traditional aus Finnland, Bearbeitung: J. Senft
Voggenreiter-Verlag, Bad Godesberg

Ack Värmeland du sköna

2. Ja, när du en gang skall bort och gifta dig, min vän,
da skall du till Värmeland fara.
Där finnes nog Guds gafvor af flickor kvar igen,
och alla ä'de präktiga och rara. Men fraar du där,

sa var munter och glad, ty raska gossar
vilja Värmlandsflickorna ha,
de sorgsna dem ge de uppa baten.

3. Och Värmelandsgossen han är sa stoldt och glad,
hand fruktar för intet uti värld.
När konungen bjuder, da drager han astad bland kulor
och blixtrande svärden.
Ja, vore det Ryssar till tusendetal,
han ej dem alla frunktar, han vill ej annat val,
än dö eller segra med ära.

4. Och skulle han ej strida med glädje och med mod,
och lifvet sitt vaga, det unga.
Där hemma sitter moder och beder för hans blod,
med bruden, den älskade, unga;
en Värmelandsflicka, sa huld och sa skön!
För kung och land han strider, och hon skall bli hans lön,
ho kan honom da öfvervinna!

Traditional aus Schweden

Zogen einst fünf wilde Schwäne

1. Zogen einst fünf wilde Schwäne,
Schwäne leuchtend weißt und schön.
Sing, sing, was geschah?
Keiner ward mehr gesehen.

2. Wuchsen einst fünf junge Birken
grün und frisch am Bachesrand.
Sing, sing, was geschah?
Keine in Blüte stand.

3. Zogen einst fünf junge Burschen
stolz und kühn zum Kampf hinaus.
Sing, sing, was geschah?
Keiner kehrt mehr nach Haus.

4. Wuchsen einst fünf junge Mädchen
schlak und schön am Memelstrand.
Sing, sing, was geschah?
Keine den Brautkranz fand.

Traditional aus Litauen

Varvindar friska leka

Traditional aus Schweden

Trägt der Maciek

2. Krank ist Maciek, ach, wie ist er zu beklagen!
War im Wirtshaus leider nicht mehr seit vier Tagen.
Ach, wer wird uns jetzt was singen?
Wer wird uns den Trunk jetzt bringen?

3. Tot ist Maciek, kann sich nimmermehr erheben.
Mög’ der Herrgott ihm die ew’ge Ruhe geben!
Er war sündig wir nur einer,
und unsterblich ist ja keiner.

4. Mitten in dem Dorfe soll die Bahre stehen.
Alle guten Freunde wollen zu ihm gehen.
Keiner kann ihm Hilfe geben,
Maciek kommt nicht mehr zum Leben.

5. Tot ist Maciek leider, liegt dort auf der Brette.
Ach, daß man ein Tänzchen ihm gespielt noch hätte!
Die Marzurka aufgeführet,
hätt den Toten noch gerühret.

Traditional aus Polen, Text: Luise Leonhardt
Möseler-Verlag, Wolfenbüttel und Zürich

Dachte eine dumme Alte

2. Und die Alte läßt die Henne auf den Eiern hocken,
doch es wollte nicht recht werden, konnt nur drei entlocken.

3. Treibt die Glucke samt den Kücken zu den Weidenstümpfen,
und sie hilft den Kücken wachsen, strickt dabei noch Strümpfe.

4. Naht sich eine dunkle Wolke, fällt ein nasser Regen,
o, wie ist es schlecht zu gehen, auf den nassen Wegen.

5. Ist noch weit von ihrer Hütte, eins schon totgetreten,
eines hat sie totgestolpert, eines totgelegen.

6. Kommt der Bauer heim vom Walde, fängt gleich an zu fragen,
sag, wo sind denn unsre Kücken, kannst du mir das sagen?

7. Nicht zu sehen sind die Kücken, jetzt und alle Wochen,
auf der Weide böse Leute haben sie besprochen.

8. Holt der Bauer aus dem Walde einen Haselstecken,
und er klopft die dumme Alte, den Verstand zu wecken.

9. Trocken soll die Hand dir werden, wie im Herbst die Weiden,
ach, was muß ich arme Baba alles von dir leiden.

10. Und der Kopf, du alter Teufel, soll dir auch versiechen?
Wenigstens drei Tage muß ich auf den Ofen kriechen.

Traditional aus Rußland, Text: Hans Baumann
Möseler-Verlag, Wolfenbüttel und Zürich

Dort auf dem Flüßchen

2. Dort auf dem Üferchen entlang, ja, auf dem steilen,
ein guter Bursche ging.

3. Bursch, willst du nicht bleiben bei der alten Mutter
und dem greisen Vater dein?

4. Sieh, ich lieb die Mutter, auch den guten Vater,
doch die bunten Mützen der Soldaten lieb ich mehr.

5. Und an der Brücke steht das Mädchen,
Tränen tropfen in den Fluß.

6. Kommt ein schwarzer Reiter, führt ein ledig Pferd,
der Bursch behend hinauf sich schwingt.

7. Dort auf dem Üferchen entlang dem Fluß Kasanka
reiten zwei junge Soldaten hin.

Traditional aus Rußland, Text: Utta
Voggenreiter-Verlag, Bad Godesberg

Schlaf mein Bub (Bajuschki baju)

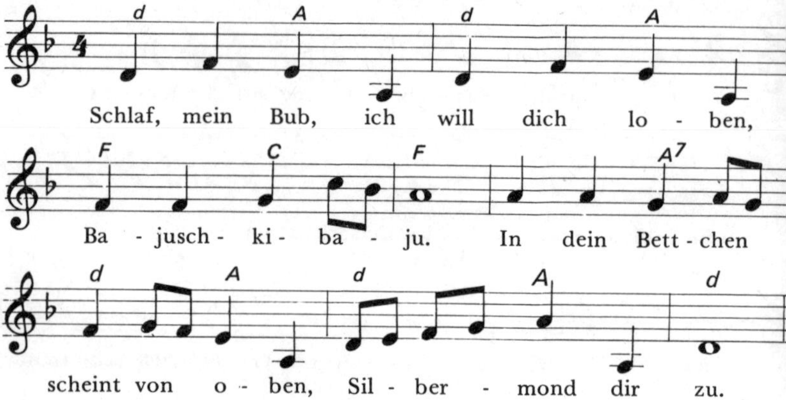

2. Durch die Felsen, durch die Lande,
strömt des Tereks Flut.
Der Tschetschene schleicht am Strande,
schleift sein Messer gut.

3. Doch dein Vater ist ein Reiter,
greift ihn auf im Nu.
Schlaf, mein Kind, schlaf ruhig weiter,
bajuschki baju.

4. Sticken werde ich mit Seide
Sattel dir und Schuh'.
Schlaf, mein Kindchen, meine Freude,
bajuschki baju.

Traditional aus Rußland, Text: Wolf Kinzel
Voggenreiter-Verlag, Bad Godesberg

Kalinka

2. Liebe Föhre, grüne Föhre, laß doch das Rauschen über mir!
Schönes Mädchen, liebes Mädchen, hab mich doch ein bißchen gern!

Traditional aus Rußland, Text: Wolf Kinzel
Voggenreiter-Verlag, Bad Godesberg

Greensleeves

2. If you intend thus to disdain, it does the more enrapture me,
and even so, I still remain a lover in captivity,
Greensleeves . . .

3. Alas, my love, that you should own a heart of wanton vanity,
so must I meditate alone upon your insincerity.
Greensleeves . . .

4. Ah, Greensleevesm now farewell, adieu, to God I pray to prosper thee,
for I am still thy lover true, come once again und love me.
Greensleeves . . .

Traditional aus Irland

Should old acquaintance be forgot

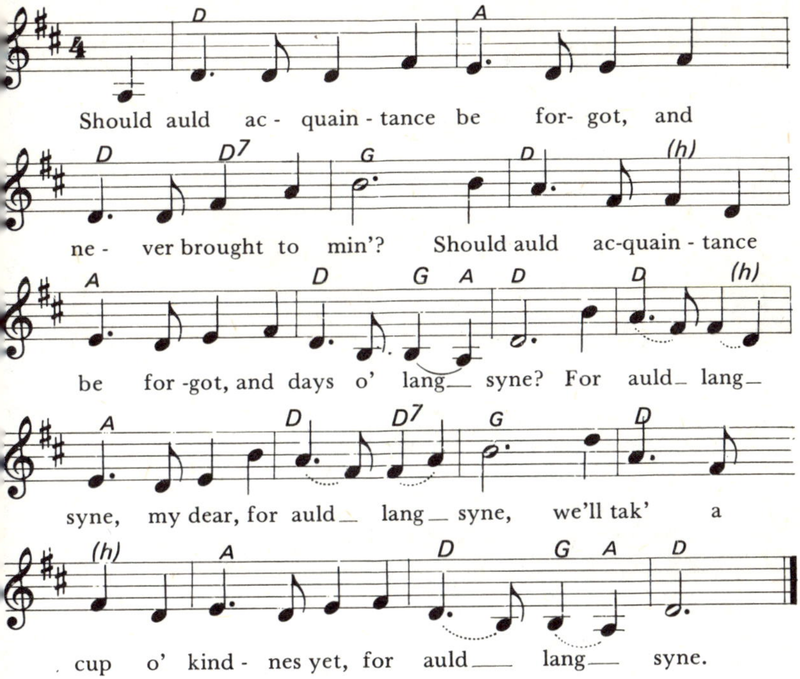

1. Nehmt Abschied, Brüder, ungewiß ist alle Wiederkehr,
die Zukunft liegt in Finsternis und macht das Herz uns schwer.
Der Himmel wölbt sich übers Land, ade, auf Wiedersehn!
Wir ruhen all in Gottes Hand, lebt wohl auf Wiedersehn!

2. Die Sonne sinkt, es steigt die Nacht, vergangen ist der Tag.
Die Welt schläft ein und leis erwacht der Nachtigallenschlag . . .

3. So ist in jedem Anbeginn das Ende nicht mehr weit.
Wir kommen her und gehen hin, und mit uns geht die Zeit . . .

4. Nehmt Abschied, Brüder, schließt den Kreis, das Leben ist ein Spiel,
und wer es recht zu spielen weiß, gelangt ans große Ziel . . .

Traditional, Text: Claus L. Laue

Oh Fischer auf den Wogen

2. Oh Fischer, hol' mein Ringlein, oh, Federi!
Es fiel in's tiefe Meer. Colla . . .

3. Das Ringlein ist gefunden von Federi.
Was gibst du mir als Lohn? Colla . . .

4. Ich geb' dir hundert Taler, oh Federi.
Den Beutel noch dazu. Colla . . .

5. Was nützen mir die Taler? Dem Federi . . .
Behalt' auch deinen Beutel. Colla tua . . .

6. Mein Wunsch – darf ich es wagen – dein Federi?
Einen Kuß von deinem Mund. Colla . . .

Traditional aus Korsika, Text: AG Spiel BDP

Wir kamen einst von Piemont

2. „Herr Wirt, bringt uns ein Essen her,
der Magen ist so lang schon leer!" –
„Hab noch Fleisch von 'ner alten Mähre"
– sans dessus . . .
„Ei, bringt es her und Wein dazu!" Sans devant . . .

3. „Herr Wirt, wir wolln nun weitergehn,
das Essen war gewiß sehr schön!
Nehmt den Sous, habn nichts mehr,
auf Ehre sans dessus . . .
Wir aber stoben fort im Nu – Sans devant . . .

Traditional aus Frankreich, Text: Klaus Tränkle
Voggenreiter-Verlag, Bad Godesberg

Junger Tambour

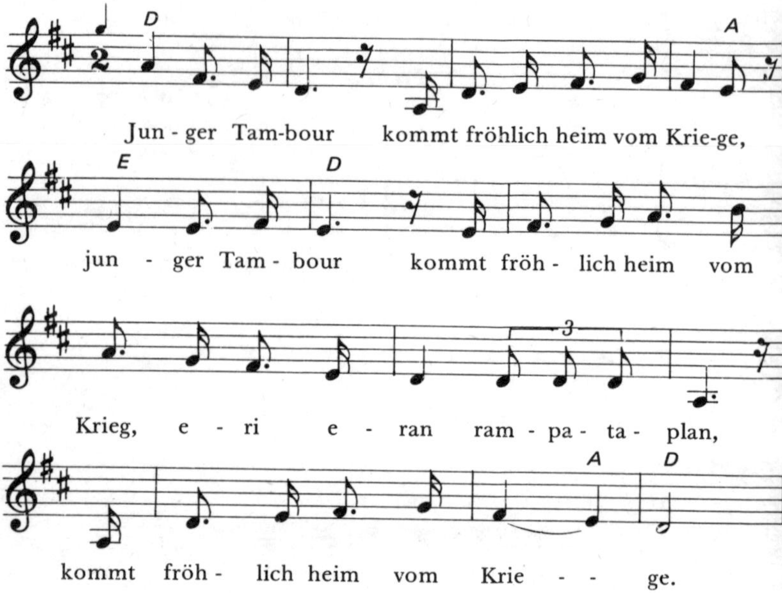

Begleitung in diesem Rhythmus

2. Heißa, er trug im Munde eine Rose, heißa . . . eine Ros'.
3. Und die Prinzeß war gleich an ihrem Fenster.
4. Junger Tambour, o gib mir deine Rose!
5. Schöne Prinzeß, wirst du dein Herz mir geben?
6. Junger Tambour, so frag doch meinen Vater.
7. Sire le roi, o gebt mir Eure Tochter!
8. Junger Tambour, du bist ein armer Schlucker!
9. Hab Schiffe drei, die schwimmen auf dem Meere.
10. Eines von Gold, das andre voll von Silber.

11. Im dritten Schiff fahr ich mein Lieb spazieren.

12. Junger Tambour, du sollst die Tochter haben.

13. Sire le roi, das ist zuviel der Ehre.

14. Bei uns zu Haus, da sind die Mädchen schöner.

raditional aus Frankreich, Text: Hans Baumann
löseler-Verlag, Wolfenbüttel und Zürich

Xekinai mia psarapoula

2. Echi messa palikaria ap to ja lo, ap to ja lo.
Echi messa palikaria pu wutane ja sfungaria
jusses ke margaritaria ap to ja lo ap to ja lo.

3. Ja Chara sas palikaria ap to ja lo ap to ja lo
Ja Chara sas palikaria na mas ferete sfungaria
jusses ke margaritaria ap to ja lo ap to ja lo.

Traditional aus Griechenland

Havah nagila

Auf, laßt uns freuen und fröhlich sein,
auf, laßt uns singen und fröhlich sein.
Steht auf, Brüder, mit einem fröhlichen Herzen.

Traditional aus Israel

Hevenu shalom alejchem

Traditional aus Israel

Will ein lustig Liedchen singen

2. Hab' kein Geld in meiner Tasche, keinen Tropfen in der Flasche,
brauch kein Bett aus Mahagoni, nur eine Schüssel mit Maccaroni.

3. Leichter wären wohl die Kriege und viel rascher auch die Siege,
würden schießen die cannoni statt mit Granaten mit Maccaroni.

4. In der Welt wär viel mehr Liebe, und es gäbe keine Diebe,
keine Gauner und ladroni, hätt jeder jeden Tag Maccaroni!

5. Wie man Briefe drahtlos sende, das erfanden kluge Hände.
Doch ganz schlicht aß auch Marconi nur seine Schüssel mit Maccaroni.

6. Hat mein Liedchen euch gefallen, komm ich wieder,
sing euch allen neue Lieder und canzoni für eine Schüssel mit Maccaroni.

Traditional aus Italien, Text: Fritz Schröder
Otto Maier Verlag, Ravensburg

Au clair de la lune

2. Au clair de la lune Pierrot répondit:
je n'ai pas de plume, je suis dans mon lit.
Va chez la voisine, je crois qu'elle y est,
car dans la cuisine on bat le briquet.

Traditional aus Frankreich

Und keiner soll sagen

2. Und keiner soll sagen, wer da ißt, der sei schlecht,
denn für alle, die da essen, wächst der Weizen erst recht.
Und der eine ißt die Torte, die der Himmel ihm beschert,
und der andre all die kleinen Krümelchen, die er find't auf der Erd.

3. Und keiner soll sagen, wer da raucht, der sei schlecht;
denn für alle, die da rauchen, wächst der Taback erst recht.
Und der eine raucht Havanna, die der Himmel ihm beschert,
und der andre all die kleinen Stummelchen, die er find't auf der Erd.

4. Und keiner soll sagen, wer da liebt, der sei schlecht;
denn für alle, die da lieben, gibts die Mädchen erst recht.
Und der eine liebt die Einz'ge, die der Himmel ihm beschert,
und der andre all die süßen Pummelchen, die er find't auf der Erd.

5. Und keiner soll sagen, wer da fährt, der sei schlecht;
denn für alle, die da fahren, gibts die Autos erst recht.
Und der eine fährt Mercedes, den der Himmel ihm beschert,
und der andre all die kleinen Nuckelpinnen, die es gibt auf der Erd.

6. Und keiner soll sagen, wer da singt, der sei schlecht,
denn für alle, die da singen, gibts die Noten erst recht.
Und der eine singt 'ne Oper, die der Himmel ihm beschert,
und der andre all die kleinen Gospelsongs , die er find't auf der Erd.

Melodie: Traditional, Text: H. Weber
aus: Zündschlüssel, Fidula-Verlag, Boppard

Lumpen und Knochen

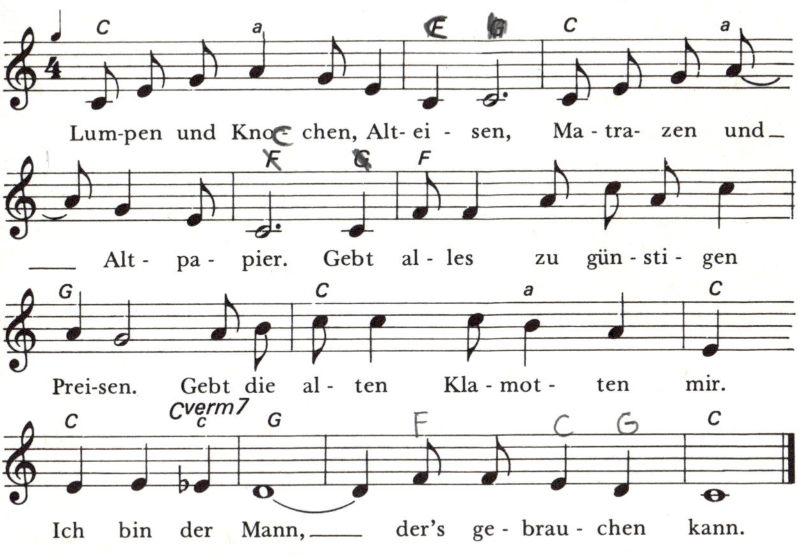

2. Alte Gefühle und Schmerzen, Erinnerung, Liebesgier.
Erleichtert bei mir eure Herzen. Gebt die . . .

3. Alle die Onkel und Tanten verschaffen euch kein Pläsier?
Verkauft doch die ganzen Verwandten. Gebt die . . .

4. In einer neuen Periode, dann schreit man nach Altpapier,
dann kommen Gefühle in Mode, dann kauft man Verwandte bei mir.
Ich bin der Mann, der dann liefern kann.

Traditional aus den USA, Text: AG Spiel BDP

Song vom verliebten Autoreifen

2. In der Garage mit verliebtem Schnauben
er löste heimlich alle seine Schrauben.

3. Und als sein Herr die Türe schiebt zurücke
entweicht ruck-zuck der Reif mit List und Tücke.

4. Mercedes, Ford, VW und Opel keifen:
„Was will der Vagabund von Autoreifen?“

5. Der aber war ein Reifen mit Profile,
saust weiter zu dem liebesheißen Ziele.

6. Das Mädchen von Luino sieht beklommen
den fernen Liebsten schon von weitem kommen.

7. Das Mädchen winkt mit ihrem Tuch aus Batik,
ihm klopft das heiße Herz bis zur Pneumatik.

8. Und wie so oft, wo hitz'ge Triebe walten:
der Reif vergaß, rechtzeitig anzuhalten.

9. Zur kalten See stürzt er vorbei am Ziele,
es zischt – so endet seine Lieb recht kühle.

10. Das Mägdlein schaut ihm nach wird blaß und blässer,
und stürzt dem Liebsten nach das Gewässer.

11. Und die Moral, du darfst mir's glauben:
Lös niemals heimlich alle deine Schrauben.
Tschiri, tschuri – schauerlich,
dann wird's nicht so bedauerlich.

Melodie: G. Heller, Text: H. Ensslin
aus: Zündschlüssel, Fidula-Verlag, Boppard

Leb' wohl, Agathe

2. Ich gehe bloß mal auf die Bank,
das ist kein Tränchen wert,
da wird der Fahrdamm, Gott sei dank,
bloß fünfmal überquert.

3. Nur keine Angst vor dem Spital.
Zu Mittag bin ich hier.
Wenn's später wird, dann frage mal
beim Polizeirevier.

4. Ich rufe zwischendurch mal an,
wahrscheinlich vom Geschäft.
Kopf hoch, mein Schatz, und denke dran:
nicht jedes Auto trefft!

Melodie: K. Fegers, Text: H. E. Richter
aus: Zündschlüssel, Fidula-Verlag, Boppard

Petrus-Ballade

2. Walter von der Vogelweide wollte Boogie-Woogie swingen
und dazu 'ne Melodie von Amadeus Mozart singen.
Doch das Sinfonieorchester aus den guten alten Zeiten
konnte Booge-Wooge lieder doch noch nicht vom Blatt begleiten.
Und sogar der Jonny Brahms liebt die Musik von Harry James.

3. Ludwig van Beethoven, der saß grad beim Mittagessen.
Wollt die neuente symphonie nach do-re-mi-fa-so verjazzen.
Plötzlich hört er Harry James' Trompetentöne
und hereingerannt kommt eine blonde braungebrannte Schöne.
Jonny Bach haut auf die Orgel ein,
und Caruso singt den Refrain.

4. Abraham a Sancta Clara, Walther von der Vogelweide
taten Ali Khan sehr um seine schönen Frau'n beneiden.
Doch die schönen Bürgermädchen und die stolzen Ritterfrauen
saßen hinter Fenstergittern waren leider nicht zu schauen.
Und am Klavier spielt auf zum Tanz, (na wer denn?)
Hey barbareebop Schubert Franz.

Boogy-Melodie, Text: J. Senft
Voggenreiter-Verlag, Bad Godesberg

In einen Harung jung und stramm

2. Der Harung sprach: „Du bist verrückt, du bist mir viel zu platt gedrückt.
Rutsch mir den Buckel runter, du olle Flunder!"

3. Da stieß die Flunder in den Grund, wo sie 'nen goldnen Rubel fund,
ein Goldstück von zehn Rubel, o welch ein Jubel.

4. Da war die olle Schrulle reich, da nahm der Harung sie sogleich:
denn so ein oller Harung, der hat Erfahrung.

5. Und die Moral von der Geschicht'? Trau einem alten Harung nicht.
Es sei denn, du hast Zaster, du olles Laster.

Traditional

Der Handstand auf der Loreley

2. Wir wandeln uns, die Schiffer inbegriffen.
Der Rhein ist reguliert und eingedämmt.
Die Zeit vergeht. Man stirbt nicht mehr beim Schiffen,
bloß weil ein blondes Weib sich dauernd kämmt.

3. Nichtsdestotrotz geschieht auch heutzutage noch manches,
was der Steinzeit ähnlich sieht.
So alt ist keine deutsche Heldensage,
daß sie nicht doch noch Helden nach sich zieht.

4. Erst neulich machte auf der Loreley
hoch überm Rhein ein Turner einen Handstand!
Von allen Dampfern tönte Angstgeschrei,
als er kopfüber oben auf der Wand stand.

5. Er stand, als ob er auf dem Barren stünde.
Mit hohlem Kreuz. Und lustbetonten Zügen.
Man frage nicht: was hatte er für Gründe?
Er war ein Held, Das dürfte wohl genügen.

6. Er stand verkehrt im Abendsonnenscheine.
Da trübte Wehmut seinen Turnerblick.
Er dachte an die Loreley von Heine.
Und stürzte ab. Und brach sich das Genick.

7. Er starb als Held. Man muß ihn nicht beweinen.
Sein Handstand war vom Schicksal überstrahlt.
Ein Augenblick mit zwei gehobnen Beinen
ist nicht zu teuer mit dem Tod bezahlt!

8. Eins wäre allerdings noch nachzutragen!
Der Turner hinterließ uns Frau und Kind.
Hinwiederum, man soll sie nicht beklagen.
Weil im Bereich der Helden und der Sagen
die Überlebenden nicht wichtig sind.

Melodie: Helmut König, Text: Erich Kästner
Voggenreiter-Verlag, Bad Godesberg

Lustig, lustig, ihr lieben Brüder

2. Denn unser Handwerk, das ist verdorben,
die letzten Saufbrüder sind gestorben,
es lebet keiner mehr als ich und du.

3. Schifflein, Schifflein, nun tu dich wenden
und laß dich hin nach Riga senden
wohl zu der russ'schen Seekaufs-Handelsstadt.

4. Denn auch in Polen ist nichts zu holen,
man kommt davon nicht unbestohlen,
bei Danzig fängt die See schon an.

5. Drum wollen wir es wieder wagen
und wollen fahren nach Kopenhagen,
wohl zu der dänischen Residenz.

6. Dann geht es heim wohl an den Main,
ganz Frankfurt liegt voll Äppelwein.
Der letzte Heller muß versoffen sein.

Melodie: Traditional, Text: Helmut König
Voggenreiter-Verlag, Bad Godesberg

Diplomatenjagd

. Schon bricht es herein in Wald und in Flur,
as diplomatische Corps,
ie Ritter vom Orden der Konjunktur,
wei Generäle zuvor bei Hörnerquinten
nit Prügeln und Flinten.
;s folgt mit Furore ein Monsignore.
elbst den klapprigen Ahnherrn von
Kieselknirsch trägt man auf der Bahre
nit auf die Pirsch!

. Es knallen die Büchsen, ein Pulverblitz,
s wird soeben gesagt, daß General-
:utnant von Zitzewitz den Verlust seines
)ackels beklagt.
)er Attache Mehring erlegt einen Hering,
ten, tiefgefroren, die Kugeln durchboh-
en, noch in Frischhaltepackung, – und
las sei unerhört! – Ein Keiler ergibt sich,
om Lärm ganz verstört.

:. „Bewegt sich dort etwas am Waldes-
and? " (Der Ahnherr sieht nicht mehr
echt). „Das kriegt kurzerhand eins über-
;ebrannt!" (Denn schießen kann er nicht
chlecht. Ja, ganz ohne Zweifel: Er
chießt wie der Teufel!)
Ian trägt ihn ganz leise bis dicht an die
chneise, man reicht ihm die Büchse,
s prasselt das Schrot: So findet ein
Außenminister den Tod.

Ielodie und Text: Reinhard Mey
Nobile Verlag, Kemnat bei Stuttgart

5. Daß der Ahnherr daraufhin noch „Waidmannsheil" schreit, hat alle peinlichst berührt. Ihm wird ein Protestschreiben überreicht (Besonders scharf formuliert), doch muß man dem Alten zugute halten: Das war, bei Hubertus, ein prächtiger Blattschuß, und daß er das Wort Diplomatenjagd nur etwas zu wörtlich genommen hat!

6. Die Nacht bricht herein, und Schloß Hohenhecke bietet ein friedliches Bild: Der Monsignore segnet die Strecke von leblosem, greisen Wild, schon fast vergessen, will ja doch keiner essen: Die Veteranen, die zähen Fasanen, die Ente mit Rheuma, den Keiler mit Asthma.

7. Die Jagd wird begossen, und dann wird beschlossen: Der Krempel wird, – weil man hier großzügig denkt, – dem nächsten Armenhaus geschenkt! So wird auch den Ärmsten der Segen zuteil! Es lebe das Waidwerk, dreimal Waidmannsheil!

Ja, so warn's die alten Rittersleut

2. Hatt' ein Ritter den Katarrh,
damals warn die Mittel rar,
er hat der Erkältung trotzt,
hat in seine Rüstung g'rotzt.

3. So ein alter Rittersmann
hatte sehr viel Eisen an,
die meisten Ritter, I muaß sag'n,
hat deshalb der Blitz erschlag'n.

4. Das Burgfräulein Kunigunde roch
gar schröcklich aus dem Munde,
bis ihr einst beim Minnedienst
ein Bandwurm aus dem Halse griens

5. Zu Grünwald die Rittersleut
leb'n nicht mehr seit langer Zeit,
nur die Geister von densölben
spuken nachts in den Gewölben.

Melodie und Text: Karl Valentin
Mit freundlicher Genehmigung des Max Hieber Musikverlages, München

Aus grauer Städte Mauern

2. Der Wald ist unsre Liebe, der Himmel unser Zelt,
ob heiter oder trübe, wir fahren in die Welt.
Halli, hallo . . .

3. Ein Heil dem grünen Walde, zu dem wir uns gesellt.
Hell klingt's durch Berg und Heide: wir fahren in die Welt.
Halli, hallo . . .

4. Die Sommervögel ziehen schon über Wald und Feld.
Da heißt es Abschied nehmen: wir fahren in die Welt.
Halli, hallo

Melodie: Robert Götz
Voggenreiter Verlag, Bad Godesberg

Wir wollen zu Land ausfahren

2. Fremde Wasser dort springen, die sollen uns Weiser sein;
wo wir wandern und singen Lieder ins Land hinein;
brennt unser Feuer an gastlicher Statt,
so sind wir geboren und schmausen uns satt,
und die Flammen leuchten darein.

3. Wandelt aus dem tiefen Tale heimlich und still die Nacht,
sind beim Mondenstrahle Gnomen und Elfen erwacht,
dämpfet die Stimmen, die Schritte im Wald,
so seht ihr und hört ihr manch Zaubergestalt,
die wallt mit uns durch die Nacht.

4. Es blühet im Wald tief drinnen die blaue Blume fein;
die Blume zu gewinnen, ziehn wir ins Land hinein.
Es rauschen die Bäume, es murmelt der Fluß,
und wer die blaue Blume will finden,
der muß ein Wandervogel sein!

Melodie: K. v. Burkersroda, Text: H. Kutzleb
Voggenreiter-Verlag, Bad Godesberg / Möseler Verlag, Wolfenbüttel und Zürich

Heut' noch sind wir zu Haus

2. Lange wandern wir umher, durch die Länder kreuz und quer,
wandern auf und nieder, nieder, keiner sieht sie wieder.

3. Manches Mägdlein lacht mich an, manches spricht: Bleib, lieber Mann!
Ach, ich blieb so gerne, gerne, muß doch in die Ferne.

4. Und die Ferne wird mir nah, endlich ist die Heimat da!
Aber euch, ihr Brüder, Brüder, seh ich niemals wieder.

Traditional

Dort drunt' im schönen Ungarland

2. Das Roß, das mir mein Vater gab, ist all mein Gut, ist all mein Hab,
sein' Heimat ist Magyar. Es ist geschwind' als der Wind,
wie alle Heldenpferde sind vom Blankensteinhusar. Dunja . . .

3. Ein Saraß aus dem Türkenkrieg, der mir vom Urgroßvater blieb,
geschliffen in Magyar. Gar mancher mußt' ihn spüren schon,
gar mancher lief vor ihm davon, vorm Blankensteinhusar. Dunja . . .

4. Im letzten Dorf, da kehrt ich ein und trank dort den Tokajerwein,
Tokajer aus Magyar. Tokajer, du bist mild und gut,
du bist das reinste Türkenblut für'n Blankensteinhusar. Dunja . . .

Traditional

Mich brennt's in meinen Reiseschuhn

Auf der Gitarre durch den Nachschlag das Laufen der Füße imitieren.

2. Es hebt das Dach sich von dem Haus
und die Kulissen rühren
und strecken sich zum Himmel raus,
Strom, Wälder musizieren.

3. Da gehn die einen müde fort,
die andern nahn behende.
Das alte Stück, man spielt's so fort
und kriegt es nie zu Ende.

4. Und keiner kennt den letzten Akt
von allen, die da spielen.
Nur der da droben schlägt den Takt,
weiß, wo das hin will zielen.

Melodie: Cesar Bresgen, Text: J. v. Eichendorff
Voggenreiter-Verlag, Bad Godesberg

Wohlan die Zeit ist kommen

2. In meines Vaters Garten, da stehn viel schöne Blum, ja Blum.
Drei Jahr muß ich noch warten, drei Jahr sind bald herum.
Geh du nur hin . . .

3. Du glaubst, du wärst die Schönste wohl auf der ganzen Welt, ja Welt,
und auch die Angenehmste; ist aber weit gefehlt!
Geh du nur hin . . .

4. Der Kaiser streit fürs Ländle, der Herzog für sein Geld, ja Geld,
und ich streit für mein Schätzle, solang es mir gefällt.
Geh du nur hin . . .

5. Jetzt setz ich mich aufs Pferdchen und trink ein Gläschen kühlen Wein
und schwör bei meinem Bärtchen, dir ewig treu zu sein.
Geh du nur hin . . .

6. Solang ich leb auf Erden, sollst du mein Trimple-Trample sein,
und wenn ich einst gestorben bin, so trampelst hinterdrein.
Geh du nur hin . . .

Melodie: nach L. Schubart, aus des Knaben Wunderhorn 1806

Hab mein Wage vollgeladen

2. Hab mein Wage voll gelade,
voll mit Männern alten.
Als wir in die Stadt nein kamen,
murrten sie und schalten.
Drum lad ich all mein Lebetage
nie alte Männer auf mein Wage. Hü . . .

3. Hab mein Wage voll gelade,
voll mit jungen Mädchen.
Als wir zu dem Tor nein kamen,
sangen sie durchs Städtchen.
Drum lad ich all mein Lebetage
nur junge Mädchen auf mein Wage. Hü . . .

4. Hab mein Wage voll gelade,
voll mit Männern jungen.
Als wir vor das Wirtshaus kamen
sind sie abgesprungen.
Drum lad ich all mein Lebetage
keine jungen Männer auf mein Wage. Hü . . .

Melodie: Traditional, Text: 4. Strophe Jens Rohwer
Möseler-Verlag, Wolfenbüttel und Zürich

Wohlauf die Luft geht frisch und rein

2. Der Wald steht grün, die Jagd geht gut,
schwer ist das Korn geraten,
sie können auf des Maines Flug
die Schiffe kaum verladen.
Bald hebt sich auch das Herbsten an,
die Kelter harrt des Weines:
der Winzer Schutzherr Kilian
beschert uns etwas Feines. Valleri . . .

3. Wallfahrer ziehen durch das Ta
mit fliegenden Standarten,
hell grüßt ihr doppelter Choral
den weiten Gottesgarten.
Wie gerne wär ich mitgewallt,
ihr Pfarr' wollt mich nicht haben
So muß ich seitwärts durch den V
als räudig Schäflein traben. Valler

4. Zum heilgen Veit von Staffelstein
bin ich emporgestiegen
und seh die Lande um den Main
zu meinen Füßen liegen:
Von Bamberg bis zum Garfeldgrau
umrahmen Berg und Hügel
die weite, stromdurchglänzte Au:
ich wollt, mir wüchsen Flügel! Valleri . .

5. Einsiedelmann ist nicht zu Haus,
dieweil es Zeit zum Mähen;
ich seh ihn an der Halde drauß
bei einer Schnittrin stehen.
Verfahrner Schüler Stoßgebet
heißt: Herr, gib uns zu trinken!
Doch wer bei einer Schnittrin steht,
dem mag man lange winken. Valleri . . .

6. Einsiedel, das war mißgetan,
daß du dich hubst von hinnen!
Es liegt, ich seh's dem Keller an,
ein guter Jahrgang drinnen!
Hoiho! Die Pforten brech ich ein
und trinke, was ich finde.
Du heilger Veit von Staffelstein,
verzeih mir Durst und Sünde! Valleri . . .

Melodie: V. E. Becker, Text: J. V. Scheffel

Hoch auf dem gelben Wagen

1. Hoch auf dem gelben Wagen sitz ich beim Schwager vorn.
Vorwärts die Rosse traben, lustig schmettert das Horn.
Felder, Wiesen und Auen, leuchtendes Ähren Gold,
ich möchte so gerne noch schauen,
aber der Wagen, der rollt.

2. Postillion in der Schänke füttert die Rosse im Flug.
Schäumendes Gerstengetränke reicht der Wird mir im Krug.
Hinter den Fensterscheiben lacht ein Gesicht so hold,
ich möcht so gerne bleiben . . .

3. Flöten hör ich und Geigen, lustiges Baßgebrumm,
junges Volk im Reigen tanzt um die Linde herum.
Wirbelt wie Blätter im Winde, jauchzt und lacht und tollt.
Ich bliebe ja so gern bei der Linde, aber . . .

4. Sitzt einmal ein Gerippe dort bei dem Schwager vorn,
schwingt statt der Peitsche die Hippe, Stundenglas statt das Horn,
sag ich: ade nun, ihr Lieben, die ihr nicht mitfahren wollt!
Ich wäre so gerne geblieben, aber der Wagen, der rollt.

Worte: R. Baumbach

Auf, auf zum fröhlichen Jagen

2. Frühmorgens, als der Jäger, im grünen Wald 'nein kam,
da sah er mit Vergnügen, das schöne Bildbret an.
Die Gamslein Paar um Paare, sie kommen von weit her,
die Rehe und das Hirschlein, das schöne Wildbret schwer.
Tridihejo . . .

3. Das edle Jägerleben vergnüget meine Brust,
dem Wilde nachzustreifen, ist meine höchste Lust.
Wo Reh' und Hirsche springen, wo Rohr und Büchse knallt,
wo Jägerhörner klingen, da ist mein Aufenthalt.
Tridihejo . . .

4. Das Gras ist unser Bette, der Wald ist unser Haus,
wir trinken um die Wette, das klare Wasser aus.
Laßt nur die Faulen liegen, gönnt ihnen ihre Ruh,
wir jagen mit Vergnügen dem grünen Walde zu.
Tridihejo . . .

Traditional

Brüder laßt uns loben

2. Brüder, laßt uns ehren unsre Herren von Stande,
eine neue Runde allen Meistern im Lande!
Doch, Gesellen . . .

3. Brüder, laßt uns preisen Meisters Töchterlein,
eine neue Runde auf das Mägdelein!
Doch, Gesellen, hütet euch fein,
denn die Lieb ist wie der kühle Wein,
geht zu wacker ein!

4. Kam der Teufel gangen, war ein loses Mädchen.
Wollte, daß ich käme unter seine Rädchen.
Doch ich ging in's Wirtshaus hinein;
denn der Wein, der kühle, kühle Wein kann der Himmel sein.

Traditional

Wenn alle Brünnlein fließen

Wenn al - le Brünn - lein flie - ßen, so
Wenn ich mein Schatz nicht ru - fen darf, tu

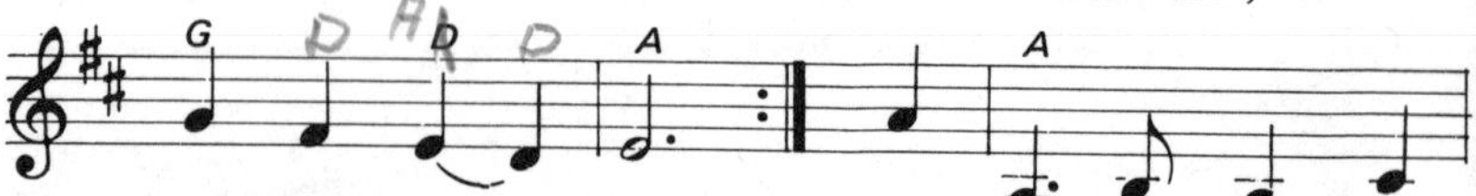

muß man trin - ken.
ich ihm win - ken, wenn ich mein Schatz nicht

ru - fen darf, ju - ja, ru - fen darf, tu ich ihm win - ken.

2. Ja winken mit den Äugelein und treten auf den Fuß!
's ist eine in der Stube drin, die meine werden muß.

3. Warum sollt' sie's nit werden, ich hab' sie ja so gern;
sie hat zwei blaue Äugelein, die glänzen wie zwei Stern'.

4. Sie hat zwei rote Wängelein, sind röter als der Wein;
ein solches Mädel find'st du nit wohl unterm Sonnenschein.

Die Gedanken sind frei

Die Ge-dan- ken sind frei! Wer kann sie er - ra - ten?
Sie flie - gen vor - bei wie nächt- li - che Schat - ten.

Kein Mensch kann sie wis - sen, kein

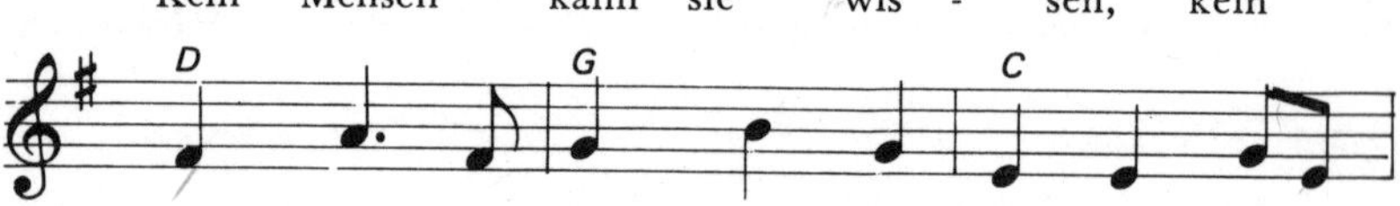

Jä - ger er - schie - ßen mit Pul - ver und

2. Ich denke, was ich will und was mich beglücket,
doch alles in der Still und wie es sich schicket.
Mein Wunsch und Begehren kann niemand verwehren,
es bleibet dabei: die Gedanken sind frei.

3. Und sperrt man mich ein im finsteren Kerker,
das alles sind rein vergebliche Werke;
denn meine Gedanken zerreißen die Schranken
und Mauern entzwei: die Gedanken sind frei!

4. Drum will ich auf immer den Sorgen entsagen
und will mich auch nimmer mit Grillen mehr plagen.
Man kann ja im Herzen stets lachen und scherzen
und denken dabei: die Gedanken sind frei!

Traditional

Ich komme schon durch manches Land

2. Ich hab gesehn gar manchen Herrn,
der hat die Jungfrau gar zu gern.

3. Hab auch gesehn die Jungfer schön,
die täte nach mir Kleinem sehn!

4. Nun laßt mich nicht so gehn, ihr Herrn,
die Burschen essen und trinken gern.

Melodie: L. v. Beethoven, Text: J. W. v. Goethe

AM ABEND

Der Mond ist aufgegangen

2. Wie ist die Welt so stille,
und in der Dämmrung Hülle,
so traulich und so hold;
als eine stille Kammer,
wo ihr des Tages Jammer
verschlafen und vergessen sollt.

3. Seht ihr den Mond dort stehen?
Er ist nur halb zu sehen
und ist doch rund und schön.
So sind wohl manche Sachen,
die wir getrost belachen,
weil unsre Augen sie nicht sehn.

4. Wir stolzen Menschenkinder
sind eitel arme Sünder
und wissen gar nicht viel.
Wir spinnen Luftgespinste
und suchen viele Künste
und kommen weiter von dem Ziel.

5. So legt euch denn, ihr Brüder,
in Gottes Namen nieder;
kalt ist der Abendhauch.
Verschon uns, Gott, mit Strafen
und laß uns ruhig schlafen.
Und unsern kranken Nachbar auch!

Melodie: J. A. P. Schulz, Text: M. Claudius

Mein schönste Zier

2. Dein Lieb und Treu vor allem geht,
kein Ding auf Erd so fest besteht;
solchs muß man frei bekennen.
Drum soll nicht Tod, nicht Angst, nicht Not
von deiner Lieb mich trennen.

3. Dein Wort ist wahr und trüget nicht
und hält gewiß, was es verspricht,
im Tod und auch im Leben.
Du bist mein, und ich bin dein,
dir hab ich mich ergeben.

4. Der Tag nimmt ab.
Ach schönste Zier, Herr Jesu Christ,
bleib du bei mir, es will nun Abend werden.
Laß doch dein Licht auslöschen nicht
bei uns allhier auf Erden.

Traditional

Guten Abend, gut Nacht

2. Guten Abend, gut Nacht, von Englein bewacht,
die zeigen im Traum dir Christkindleins Baum.
Schlaf nun selig und süß, schau im Traum 's Paradies!

Melodie: J. Brahms

Kein schöner Land

2. Wohl haben wir so manche Stund'
gesessen da in froher Rund'
und taten singen, die Lieder klingen im Eichengrund.

3. Daß wir uns hier in diesem Tal
noch treffen so viel hundertmal,
Gott mag es schenken, Gott mag es lenken,
er hat die Gnad'.

4. Jetzt, Brüder, eine gute Nacht!
Der Herr im hohem Himmel wacht,
in seiner Güten und zu behüten
ist er bedacht.

Melodie und Text: W. v. Zuccalmaglio

Öwer de stillen Straten

2. Din Kind liggt in de Weegen,
un ik bün ok bi di;
din Sorgen un din Leven
is allens um un bi.

2. Noch eenmal lat uns spräken:
Goden Abend, gode Nacht!
De Maand schient up de Däken,
uns' Herrgott hölt de Wacht.

Melodie: E. Licht, Text: Th. Storm

Dat du min Leevsten büst

2. Kumm du um Mitternacht,
kumm du Klock een.
Vader slöppt, Moder slöppt,
ich slap alleen.

3. Klopp an de Kammerdör,
fat an de Klink.
Vader meent, Moder meent,
dat deit de Wind.

Traditional aus Schleswig-Holstein

Nun wollen wir singen das Abendlied

2. Es weinen viel Augen wohl jegliche Nacht,
bis morgens die Sonne erwacht.

3. Es wandern viel Sternlein am Himmelsgrund,
wer sagt ihnen Fahrweg und Stund?

4. Das Gott uns behüt bis die Nacht vergeht,
kommt, singet das Abendgebet.

Traditional aus dem Odenwald

Vater unser

2. Wie im Himmel, also auch auf Erden. Geheiligt . . .
Unser täglich Brot, Herr gib uns heute. Geheiligt . . .

3. Und vergib uns all unsere Schulden. Geheiligt . . .
Wie wir vergeben all unseren Schuldnern. Geheiligt . . .

4. Und führ uns, Herr, nich in Versuchung. Geheiligt . . .
Sondern erlöse uns von dem Übel. Geheiligt . . .

5. Denn Dein ist das Reich und die Kraft. Geheiligt . . .
Und die Herrlichkeit in Ewigkeit. Amen. Geheiligt . . .

Westind. Calypso

Hört, ihr Herrn und laßt euch sagen

2. Hört, ihr Herrn, und laßt euch sagen:
Unsre Glock hat elf geschlagen!
Elf der Jünger blieben treu;
hilf, daß wir im Tod ohn' Reu!

3. Hört, ihr Herrn, und laßt euch sagen:
Unsre Glock hat zwölf geschlagen!
Zwölf, das ist das Ziel der Zeit,
Mensch, bedenk die Ewigkeit!

Traditional

Abend ward, bald kommt die Nacht

2. Einer wacht und trägt allein
ihre Müh und Plag.
Der läßt keinen einsam sein
weder Nacht noch Tag.

3. Jesu Christ, mein Hort und Halt,
dein gedenk ich nun,
tu mit Bitten dir Gewalt;
bleib bei meinem Ruhm.

4. Wenn dein Aug ob meinem wacht,
wenn dein Trost mir frommt,
weiß ich, daß auf gute Nacht
guter Morgen kommt.

Melodie: F. S. Rothenberg, Text: R. A. Schröder
Mit freundlicher Genehmigung des Bärenreiter-Verlages in Kassel

Nun ruhen alle Wälder

2. Der Tag ist nun vergangen, die güldnen Sternlein prangen
am blauen Himmelssaal;
also werd ich auch stehen, wann mich wird heißen gehen
mein Gott aus diesem Jammertal

3. Auch euch, ihr meine Lieben, soll heute nicht betrüben
kein Unfall noch Gefahr.
Gott laß euch selig schlafen, stell euch die güldnen Waffen
ums Bett und seiner Engel Schar!

Melodie: H. Isaak, Text: Paul Gerhardt

Gehe ein in deinen Frieden

Traditional aus Israel, Text: Helmut König
Voggenreiter-Verlag, Bad Godesberg

GRIFFTABELLE

Große Buchstaben bezeichnen Dur-Akkorde (z. B.: D = D-Dur).

Kleine Buchstaben bezeichnen Moll-Akkorde (z. B.: e = e-moll).

Große Buchstaben mit hochgestellter 7 bezeichnen Dominantseptakkorde (z. B.: G^7 = G-H-D-F). Der Dominantseptakkord ist für Dur und moll immer der gleiche.

Wenn zwei Buchstaben übereinander stehen, so bezeichnet der untere den Baßton (z. B.: $\substack{F\\a}$ = F-Dur-Akkord mit Baßton a oder $\substack{d\\f}$ = d-moll-Akkord mit Baßton f).

B Dur

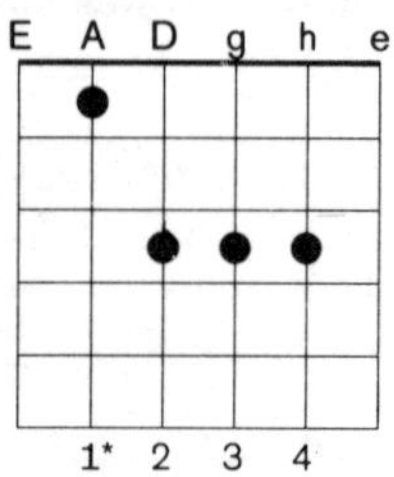

Zu den Grifftabellen:

○ = leere Saite ● = Griffstellung der Finger

* = Baßton

D = Daumen, 1 = Zeigefinger, 2 = Mittelfinger, 3 = Ringfinger, 4 = Kleinfinger

F Dur

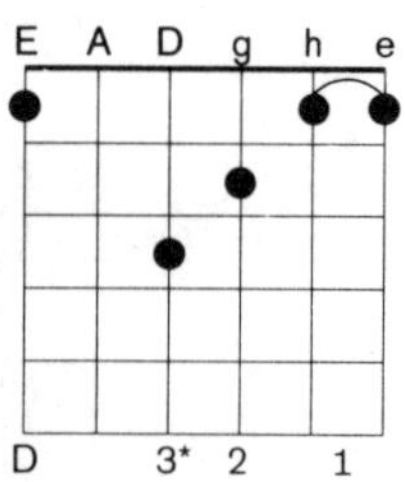

F^7

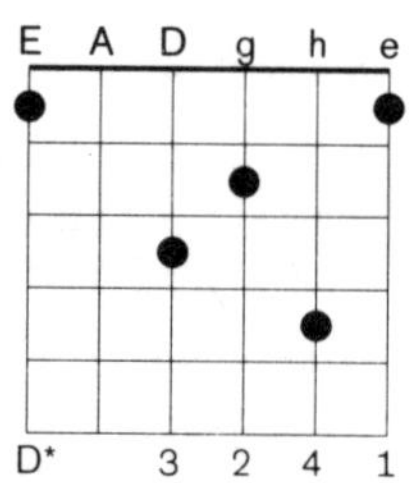

f moll

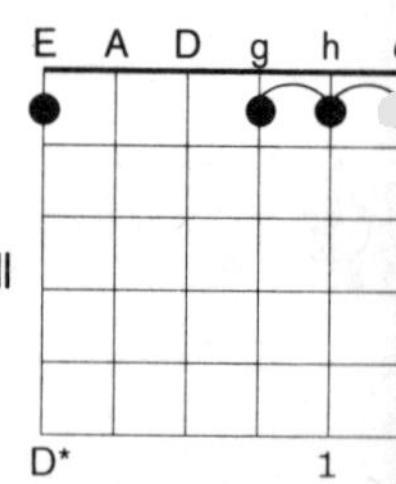

C Dur

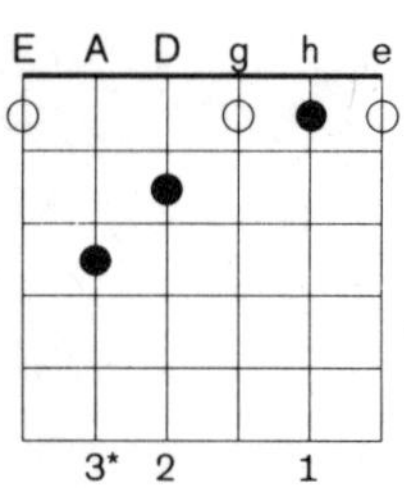

C^7

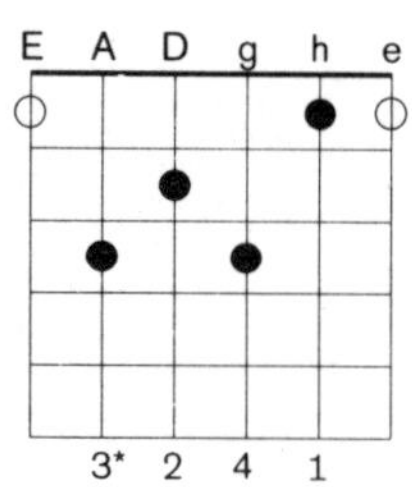

c moll

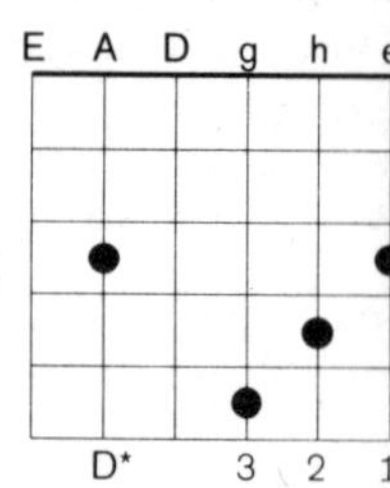

G Dur

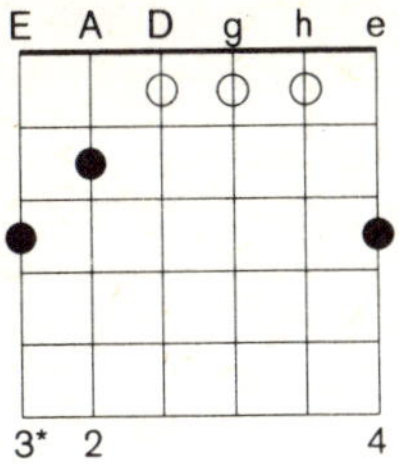

G7

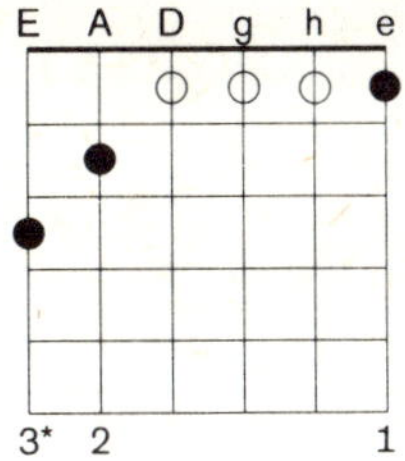

g moll

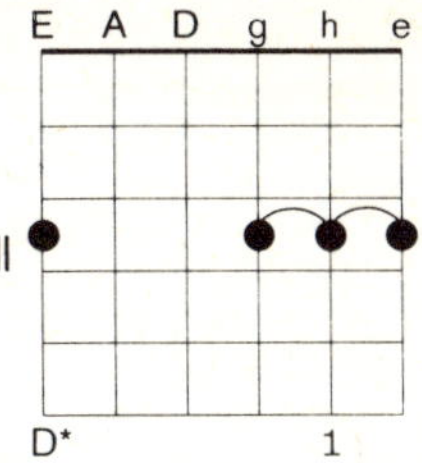

D Dur

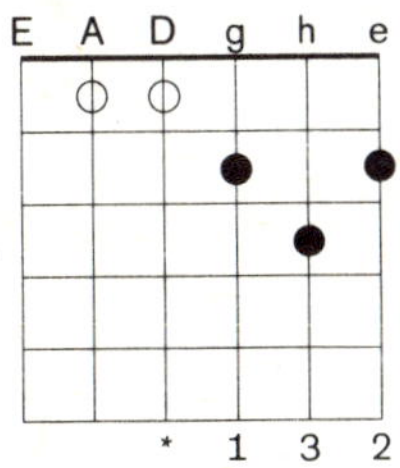

D7

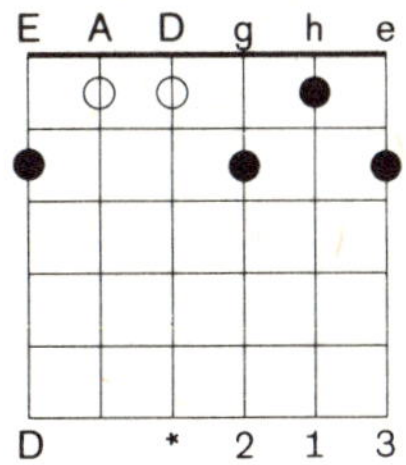

d moll

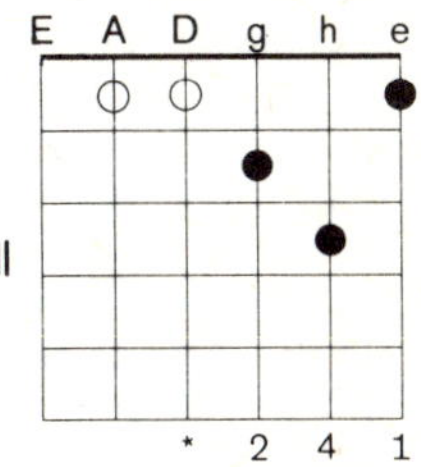

A Dur

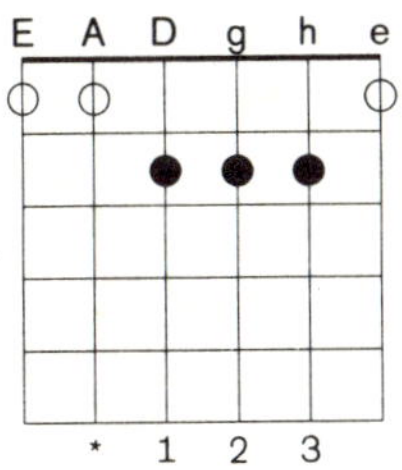

A7

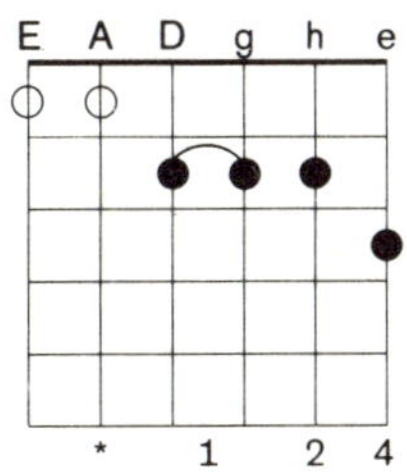

a moll

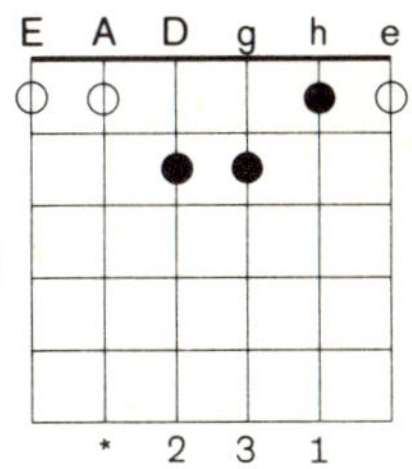

E Dur

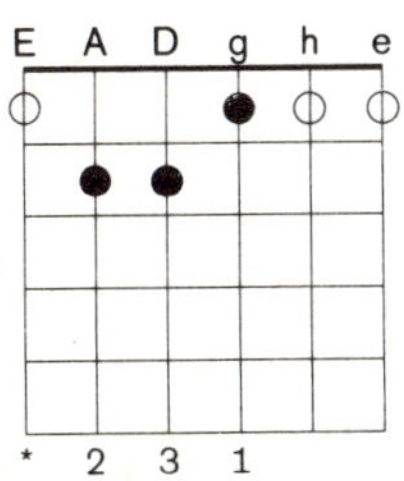

E7

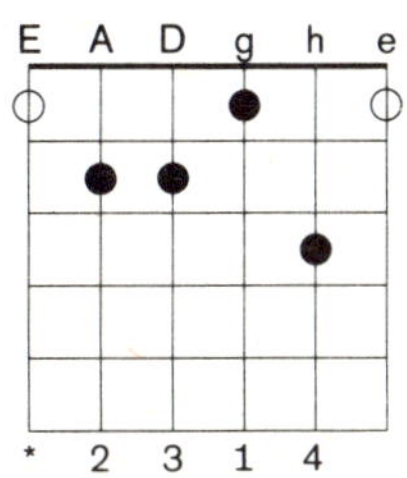

e moll

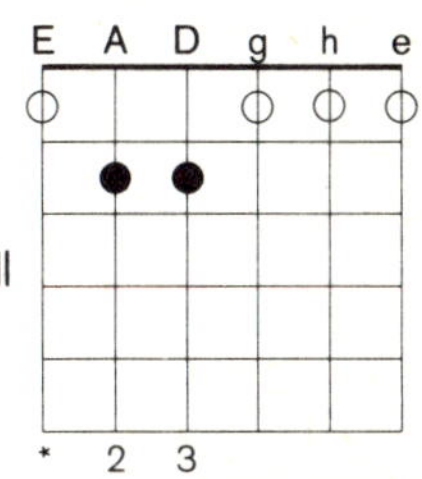

H Dur

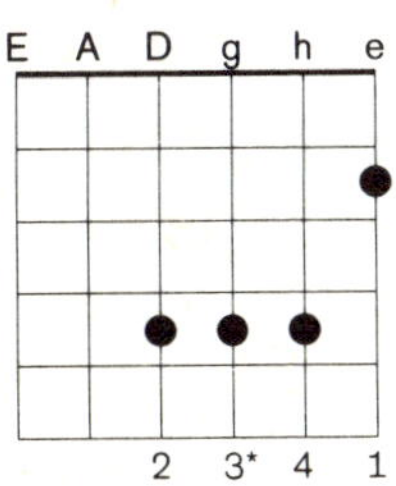

H7

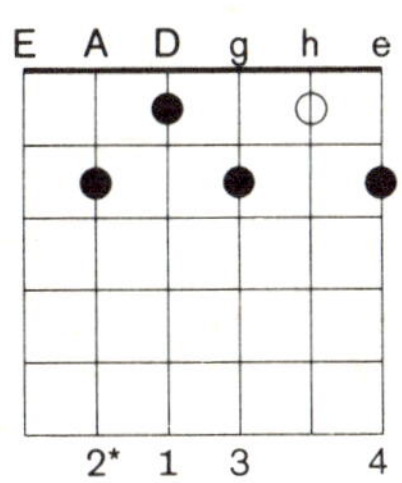

h moll

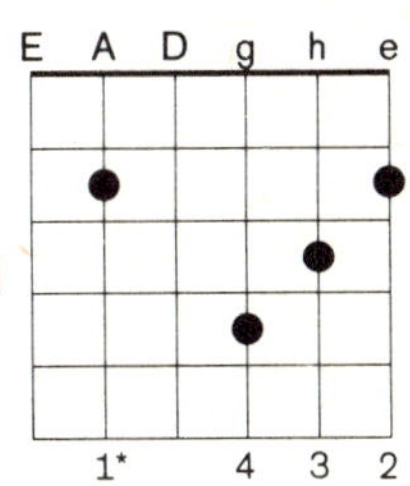

INHALT

Sachgruppenregister

FOLKLORE IM VOGGENREITER VERLAG

DM 19,90

DM 24,80

DM 29,80

DM 19,90